書名：奇門大宗直旨
系列：心一堂術數古籍珍本叢刊　三式類　奇門遁甲系列
作者：心一堂編
主編、責任編輯：陳劍聰
心一堂術數古籍珍本叢刊編校小組：陳劍聰　素聞　梁松盛　鄒偉才　虛白盧主

出版：心一堂有限公司
通訊地址：香港九龍旺角彌敦道六一〇號荷李活商業中心十八樓〇五—〇六室
深港讀者服務中心：中國深圳市羅湖區立新路六號羅湖商業大廈負一層〇〇八室
電話號碼：(852)67150840
網址：publish.sunyata.cc
電郵：sunyatabook@gmail.com
網店：http://book.sunyata.cc
淘寶店地址：https://shop210782774.taobao.com
微店地址：https://weidian.com/s/1212826297
臉書：https://www.facebook.com/sunyatabook
讀者論壇：http://bbs.sunyata.cc/

版次：二零二一年九月初版
平裝
　　港幣　二百七十八元正
定價：人民幣　二百七十八元正
　　新台幣　一千一百一十元正

國際書號：ISBN 978-988-8058-73-0

香港發行：香港聯合書刊物流有限公司
地址：香港新界大埔汀麗路36號中華商務印刷大廈3樓
電話號碼：(852)2150-2100
傳真號碼：(852)2407-3062
電郵：info@suplogistics.com.hk

台灣發行：秀威資訊科技股份有限公司
地址：台灣台北市內湖區瑞光路七十六巷六十五號一樓
電話號碼：+886-2-2796-3638
傳真號碼：+886-2-2796-1377
網絡書店：www.bodbooks.com.tw
台灣國家書店讀者服務中心：
地址：台灣台北市中山區松江路二〇九號一樓
電話號碼：+886-2-2518-0207
傳真號碼：+886-2-2518-0778
網絡書店：http://www.govbooks.com.tw

中國大陸發行　零售：深圳心一堂文化傳播有限公司
深圳地址：深圳市羅湖區立新路六號羅湖商業大廈負一層〇〇八室
電話號碼：(86)0755-82224934

心一堂微店二維碼

心一堂淘寶店二維碼

心一堂術數古籍珍本叢刊 總序

術數定義

術數，大概可謂以「推算、推演人(個人、群體、國家等)、事、物、自然現象、時間、空間方位等規律及氣數，並或通過種種『方術』，從而達致趨吉避凶或某種特定目的」之知識體系和方法。

術數類別

我國術數的內容類別，歷代不盡相同，例如《漢書・藝文志》中載，漢代術數有六類：天文、曆譜、無行、蓍龜、雜占、形法。至清代《四庫全書》，術數類則有：數學、占候、相宅相墓、占卜、命書、相書、陰陽五行、雜技術等，其他如《後漢書・方術部》、《藝文類聚・方術部》、《太平御覽・方術部》等，對於術數的分類，皆有差異。古代多把天文、曆譜、及部份數學均歸入術數類，而民間流行亦視傳統醫學作為術數的一環；此外，有些術數與宗教中的方術亦往往難以分開。現代學界則常將各種術數歸納為五大類別：命、卜、相、醫、山，通稱「五術」。

本叢刊在《四庫全書》的分類基礎上，將術數分為九大類別：占筮、星命、相術、堪輿、選擇、三式、讖緯、理數(陰陽五行)、雜術。而未收天文、曆譜、算術、宗教方術、醫學。

術數思想與發展——從術到學，乃至合道

我國術數是由上古的占星、卜蓍、形法等術發展下來的。其中卜蓍之術，是歷經夏商周三代而通過「龜卜、蓍筮」得出卜(卦)辭的一種預測(吉凶成敗)術，之後歸納並結集成書，此即現傳之《易經》。經過春秋戰國至秦漢之際，受到當時諸子百家的影響、儒家的推崇，遂有《易傳》等的出現，原本是卜蓍術書的《易經》，被提升及解讀成有包涵「天地之道(理)」之學。因此，《易・繫辭傳》曰：「易與天地準，故能彌綸天地之道。」

漢代以後，易學中的陰陽學說，與五行、九宮、干支、氣運、災變、律曆、卦氣、讖緯、天人感應說等相結合，形成易學中象數系統。而其他原與《易經》本來沒有關係的術數，如占星、形法、選擇，亦漸漸以易理（象數學說）為依歸。《四庫全書・易類小序》云：「術數之興，多在秦漢以後。要其旨，不出乎陰陽五行，生尅制化。實皆《易》之支派，傅以雜說耳。」至此，術數可謂已由「術」發展成「學」。

及至宋代，術數理論與理學中的河圖洛書、太極圖、邵雍先天之學及皇極經世等學說給合，通過術數以演繹理學中「天地中有一太極，萬物中各有一太極」（《朱子語類》）的思想。術數理論不單已發展至十分成熟，而且也從其學理中衍生一些新的方法或理論，如《梅花易數》、《河洛理數》等。

在傳統上，術數功能往往不止於僅僅作為趨吉避凶的方術，及「能彌綸天地之道」的學問，亦有其「修心養性」的功能，「與道合一」（修道）的內涵。《素問・上古天真論》：「上古之人，其知道者，法於陰陽，和於術數。」數之意義，不單是外在的算數、歷數、氣數，而是與理學中同等的「道」、「理」—心性的功能，北宋理氣家邵雍對此多有發揮：「聖人之心，是亦數也」、「萬化萬事生乎心」、「心為太極」。《觀物外篇》：「先天之學，心法也。……蓋天地萬物之理，盡在其中矣，心一而不分，則能應萬物。」反過來說，宋代的術數理論，受到當時理學、佛道及宋易影響，認為心性本質上是等同天地之太極。天地萬物氣數規律，能通過內觀自心而有所感知，即是內心也已具備有術數的推演及預測、感知能力；相傳是邵雍所創之《梅花易數》，便是在這樣的背景下誕生。

《易・文言傳》已有「積善之家，必有餘慶；積不善之家，必有餘殃」之說，至漢代流行的災變說及讖緯說，我國數千年來都認為天災，異常天象（自然現象），皆與一國或一地的施政者失德有關；下至家族、個人之盛衰，也都與一族一人之德行修養有關。因此，我國術數中除了吉凶盛衰理數之外，人心的德行修養，也是趨吉避凶的一個關鍵因素。

術數與宗教、修道

在這種思想之下，我國術數不單只是附屬於巫術或宗教行為的方術，又往往已是一種宗教的修煉手段—通過術數，以知陰陽，乃至合陰陽（道）。「其知道者，法於陰陽，和於術數。」例如，「奇門遁甲」術中，即分為「術奇門」與「法奇門」兩大類。「法奇門」中有大量道教中符籙、手印、存想、內煉的內容，是道教內丹外法的一種重要外法修煉體系。甚至在雷法一系的修煉上，亦大量應用了術數內容。此外，相術、堪輿術中也有修煉望氣色的方法；堪輿家除了選擇陰陽宅之吉凶外，也有道教中選擇適合修道環境（法、財、侶、地中的地）的方法，以至通過堪輿術觀察天地山川陰陽之氣，亦成為領悟陰陽金丹大道的一途。

易學體系以外的術數與的少數民族的術數

我國術數中，也有不用或不全用易理作為其理論依據的，如楊雄的《太玄》、司馬光的《潛虛》。也有一些占卜法、雜術不屬於《易經》系統，不過對後世影響較少而已。

外來宗教及少數民族中也有不少雖受漢文化影響（如陰陽、五行、二十八宿等學說）但仍自成系統的術數，如古代的西夏、突厥、吐魯番等占卜及星占術，藏族中有多種藏傳佛教占卜術、苯教占卜術、擇吉術、推命術、相術等；北方少數民族有薩滿教占卜術；不少少數民族如水族、白族、布朗族、佤族、彝族、苗族等，皆有占雞（卦）草卜、雞蛋卜等術，納西族的占星術、占卜術，彝族畢摩的推命術、占卜術…等等，都是屬於《易經》體系以外的術數。相對上，外國傳入的術數以及其理論，對我國術數影響更大。

曆法、推步術與外來術數的影響

我國的術數與曆法的關係非常緊密。早期的術數中，很多是利用星宿或星宿組合的位置（如某星在某州或某宮某度）付予某種吉凶意義，并據之以推演，例如歲星（木星）、月將（某月太陽所躔之宮次）等。不過，由於不同的古代曆法推步的誤差及歲差的問題，若干年後，其術數所用之星辰的位置，已與真實星辰的位置不一樣了；此如歲星（木星），早期的曆法及術數以十二年為一周期（以應地支），與木星真實周期十一點八六年，每幾十年便錯一宮。後來術家又設一「太歲」的假想星體來解決，是歲星運行的相反，週期亦剛好是十二年。而術數中的神煞，很多即是根據太歲的位置而定。又如六壬術中的「月將」，原是立春節氣後太陽躔娵訾之次而稱作「登明亥將」，至宋代，因歲差的關係，要到雨水節氣後太陽才躔娵訾之次，當時沈括提出了修正，但明清時六壬術中「月將」仍然沿用宋代沈括修正的起法沒有再修正。

由於以真實星象周期的推步術是非常繁複，而且古代星象推步術本身亦有不少誤差，大多數術數除依曆書保留了太陽（節氣）、太陰（月相）的簡單宮次計算外，漸漸形成根據干支、日月等的各自起例，以起出其他具有不同含義的眾多假想星象及神煞系統。唐宋以後，我國絕大部份術數都主要沿用這一系統，也出現了不少完全脫離真實星象的術數，如《子平術》、《紫微斗數》、《鐵版神數》等。後來就連一些利用真實星辰位置的術數，如《七政四餘術》及選擇法中的《天星選擇》，也已與假想星象及神煞混合而使用了。

隨着古代外國曆（推步）、術數的傳入，如唐代傳入的印度曆法及術數，元代傳入的回回曆等，其中我國占星術便吸收了印度占星術中羅睺星、計都星等而形成四餘星，又通過阿拉伯占星術而吸收了其中來自希臘、巴比倫占星術的黃道十二宮、四元素學說（地、水、火、風），並與我國傳統的二十八宿、五行說、神煞系統並存而形成《七政四餘術》。此外，一些術數中的北斗星名，不用我國傳統的星名：天樞、天璇、天璣、天權、玉衡、開陽、搖光，而是使用來自印度梵文所譯的：貪狼、巨門、祿存、文曲，廉貞、武曲、破軍等，此明顯是受到唐代從印度傳入的曆法及占星術所影響。如星命術的《紫微斗數》及堪輿術的《撼龍經》等文獻中，其星皆用印度譯名。及至清初《時憲曆》，置潤之法則改用西法「定氣」。清代以後的術數，又作過不少的調整。

術數在古代社會及外國的影響

術數在古代社會中一直扮演着一個非常重要的角色，影響層面不單只是某一階層、某一職業、某一年齡的人，而是上自帝王，下至普通百姓，從出生到死亡，不論是生活上的小事如洗髮、出行等，大事如建房、入伙、出兵等，從個人、家族以至國家，從天文、氣象、地理到人事、軍事，從民俗、學術到宗教，都離不開術數的應用。如古代政府的中欽天監（司天監），除了負責天文、曆法、輿地之外，亦精通其他如星占、選擇、堪輿等術數，除在皇室人員及朝庭中應用外，也定期頒行日書、修定術數，使民間對於天文、日曆用事吉凶及使用其他術數時，有所依從。

在古代，我國的漢族術數，甚至影響遍及西夏、突厥、吐蕃、阿拉伯、印度、東南亞諸國、朝鮮、日本、越南等地，其中朝鮮、日本、越南等國，一至到了民國時期，仍然沿用着我國的多種術數。

術數研究

術數在我國古代社會雖然影響深遠，「是傳統中國理念中的一門科學，從傳統的陰陽、五行、九宮、八卦、河圖、洛書等觀念作大自然的研究。……傳統中國的天文學、數學、煉丹術等，要到上世紀中葉始受世界學者肯定。可是，術數還未受到應得的注意。術數在傳統中國科技史、思想史，文化史、社會史，甚至軍事史都有一定的影響。……更進一步了解術數，我們將更能了解中國歷史的全貌。」（何丙郁《術數、天文與醫學 中國科技史的新視野》，香港城市大學中國文化中心。）

可是術數至今一直不受正統學界所重視，加上術家藏秘自珍，又揚言天機不可洩漏，「（術數）乃吾國科學與哲學融貫而成一種學說，數千年來傳衍嬗變，或隱或現，全賴一二有心人為之繼續維繫，賴以不絕，其中確有學術上研究之價值，非徒癡人說夢，荒誕不經之謂也。其所以至今不能在科學中成立一種地位者，實有數困。蓋古代士大夫階級目醫卜星相為九流之學，多恥道之；而發明諸大師又故為惝恍迷離之辭，以待後人探索；間有一二賢者有所發明，亦秘莫如深，既恐洩天地之秘，複恐譏為旁門左道，始終不肯公開研究，成立一有系統說明之書籍，貽之後世。故居今日而欲研究此種學術，實一極困難之事。」（民國徐樂吾《子平真詮評註》，方重審序）

現存的術數古籍，除極少數是唐、宋、元的版本外，絕大多數是明、清兩代的版本。其內容也主要是明、清兩代流行的術數，唐宋以前的術數及其書籍，大部份均已失傳，只能從史料記載、出土文獻、敦煌遺書中稍窺一鱗半爪。

術數版本

坊間術數古籍版本，大多是晚清書坊之翻刻本及民國書賈之重排本，其中豕亥魚魯，或而任意增刪，往往文意全非，以至不能卒讀。現今不論是術數愛好者，還是民俗、史學、社會、文化、版本等學術研究者，要想得一常見術數書籍的善本、原版，已經非常困難，更遑論稿本、鈔本、孤本。在文獻不足及缺乏善本的情況下，要想對術數的源流、理法、及其影響，作全面深入的研究，幾不可能。

有見及此，本叢刊編校小組經多年努力及多方協助，在中國、韓國、日本等地區搜羅了一九四九年以前漢文為主的術數類善本、珍本、鈔本、孤本、稿本、批校本等千餘種，精選出其中最佳版本，以最新數碼技術清理、修復版面，更正明顯的錯訛，部份善本更以原色精印，務求更勝原本，以饗讀者。不過，限於編校小組的水平，版本選擇及考證、文字修正、提要內容等方面，恐有疏漏及舛誤之處，懇請方家不吝指正。

心一堂術數古籍珍本叢刊編校小組

二零零九年七月

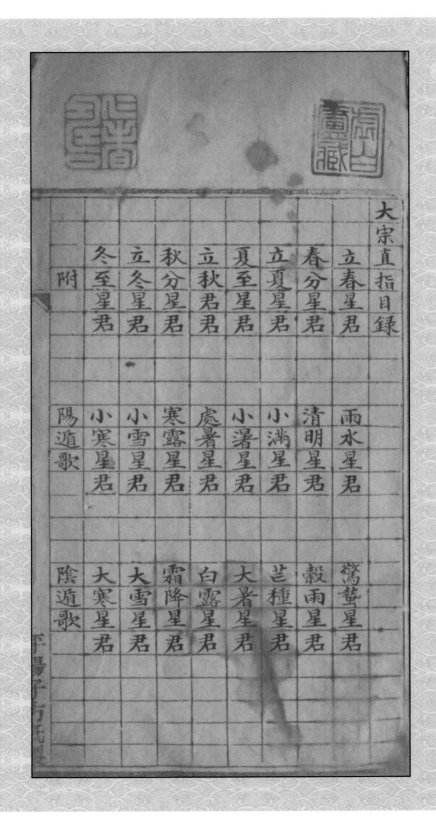

大宗直指目録

平陽子訂氏[illegible]

奇門大宗直指序

夫奇門之書、何昉乎、昉于圖洛也。維其體則天經地義之旨、維其用則上律下襲之權、在昔聖人譜。其書。而存。其奧。以待後學踐。其跡。而究。其宗。誠以天地者、陰陽之樞紐也。氣運者、陰陽之體用也。八卦者、陰陽之橐籥也。九星者、陰陽之主宰也。奇儀者、陰陽之經緯也。八門者、陰陽之開合也。支干者、陰陽之變化也。陰陽者、生死之玄關也。蓋干以配天。所以理氣運而幹旋于上。支以配地。所以承氣運而支分于下。誠哉、非支干無以辨陰陽之開合、則八門之休咎無徵。非八門無以察陰陽之經緯、則奇儀之功化莫展。非奇儀無以識陰陽之主宰、則九星之感召無憑。非九星無以轉陰陽之豪畲則八卦之玄妙莫著非八卦無以見陰陽之體用則氣運之推移無施非氣運無以透陰陽之樞鈕則天地之靈機亦寂信乎相需以全其體相資以神其用故分之則錯綜合之則一貫理得于心心感于物盈虛消息个中自識雖造化莫外矣則風后豈欺我哉是以用元會運世之數以誌天地氣運之大周天而著年月日時之類以徵天地氣運之小周天故一元有十二會比一年有十二月也一會有三十運比一月有三十日也一運有十二世比一日有十二時也三十年為一世三百六十年為一運一萬八百年為一會十二萬九千六百年為一元自天始于子會地生于丑會人生于寅會謂之開物至戌會則閉物亥會又消天而消地

仍歸于混沌之初是以一年之氣運亦始于子會而終于亥會故冬至于子為陽之始大雪于壬為陰之終皆于亥子之交而分陰陽之界故經云天一生水地六成之則一六為坎水者天地之始數也地四生金天九成之則四九為兑乾者天地之末數也蓋陽以陽終一至五而滅陰以陰終六至十而滅是以置五十而不用者言其滅没而無所作為也况乎自一至四陽得陰而成化自六至九陰得陽而功就誠哉一六四九之數乃萬物始終之定數也故一年統六氣乃一六之大體三百六十日乃四九之正數自一而四之以定四時四而四之以定八節四而一之以定五運四而六之以分二十四氣六而六之以定陽睺之三十有六四而九之

以著陰睽之三十有六由此推之則一六四九之義大矣哉故大寒行于坎之六三而氣于丑得風木之初氣立春行于坎之六四而節于艮得風木之始氣雨水行于坎之九五而氣于寅得風木之中炁驚蟄行于坎之上六而節于甲得風木之末炁則丑艮寅甲皆主于厥陰風木之氣分蒼天之木運天地之生氣臨之春分行于震之初九而炁于卯得君火之初炁清明行于震之六二而節于乙得君火之始氣穀雨行于震之六三而氣于辰得君火之中氣立夏行于震之九四而節于巽得君火之末氣則卯乙辰巽皆主于少陰君火之氣分丹天之火運天地之舒氣臨之小滿行于震之六五而炁于巳得相火之初氣芒種行于震之上六而節

于丙得相火之始氣夏至行于離之初九而炁于午得相火之中氣小暑行于離之六二而節于丁得相火之末氣則巳丙午丁皆主于少陽相火之氣分赤天火運天地之長炁臨之大暑行于離之九三氣于未得濕土之初炁立秋行于離之九四而節于坤得濕土之始氣處暑行于離之六五而炁于申得濕土之中氣白露行于離之上九而節于庚得濕土之末氣則未坤申庚皆主于太陰濕土之氣分黃天之土運天地之化氣臨之秋分行于兌之初九而炁于酉得燥金之初氣寒露行于兌之九二而節于辛得燥金之始氣霜降行于兌之六三而氣于戌得燥金之中氣立冬行于兌之九四而節于乾得燥金之末氣則酉辛戌乾皆主于陽明

燥金之氣分素天之金運天地之收氣臨之小雪行于兌之九五而氣于亥得寒水之初氣大雪行于兌之上六而節于壬得寒水之始氣冬至行于坎之初六而炁于子得寒水之中炁小寒行于坎之九二而節于癸得寒水之末氣則亥壬子癸皆主于太陽寒水之氣分玄天之水運天地之藏氣臨之凡前山向得天地之氣運者大利營造凡人年命得天地之氣運者大利作為而奇儀符使合得氣運者不畏刑格故氣運之關于造化者不淺欲求精于奇門之理者豈可以舍氣運而他求哉況八門之旺絕胎沒死囚休廢與九星之旺相廢休囚統觀乎此又如甲乙統氣于風木丙丁得氣于君火相火戊己得氣于濕土庚辛得氣于燥金壬癸得

氣于寒水且其中有絕處逢生之別旺極無依之殊八卦分節炁之
符使順逆兼攝乎九宮三元透九宮之玄妙俯仰觀察乎天地此
又神鬼之秘也偰同心者思之
大宗直指

立春三元星君

天任 巨門 左輔 八　天禽 廉貞 五　天芮 左輔 巨門 二

看得本節卦氣起于艮之初六六二以丙辰丙午納甲先天遁二
四之數后天遁土木之氣正以土得火而溫木遇陽而暢則懸感
著象之功始塞于此而天地之炁運行于坎之六四用戊申納甲
為大駟之土氣從火來所謂陽從地起故立春必起于艮者盖體

人生于寅之義以合三陽進大之符且艮者土也得陽而和則甲乙有氣故發而東風地土酥潤故蟄虫而轉動陰氣上升故潛鱗而動躍矣然而運行風木皆氣之先聲也是以本元自某甲某己分得八五二局統艮中坤之土運斗府分得天任天禽天芮三星君燮理氣睺盖以萬物皆歸于土而皆生于土也至于上元孤某奇儀中元孤某奇儀下元孤某奇儀是以凍之解虫之振魚之躍有值其[illegible]時而不應其睺者所貴詳審孤虛之義而通消息之機耳從從事者加意焉

雨水三元星君

天英 貪狼右弼 九

天心 文曲武曲 六

天衝 破軍祿存 三

看得本節卦氣行于艮之九三六四以丙申丙戌納甲先天遁三二之數后天隸火土之爻而天地之氣實行于坎之九五然九五者陽爻也于易爲龍九五者陽位也于易爲天乃見龍在天之象有出險施化之義則雨水命名有自來矣況卦氣三生火二生土有木火土遞生之旨則獺之報本鴻之思鄉草之萌動皆寔應于風木司天得生氣之中故耳且是以本元自某甲某己干支分得九六三局統未亥卯之木隸丁乾甲之運旋臨宫之木其機如此然

斗府分得天英天心天衝三星君斡旋造化則上下之火木通明而中元間以金星者正以伏驚蟄之機而成帝出之勢也至于上

元孫某奇儀中元孫某奇儀下元孫某奇儀所當逐瞭而詳是以
獺之祭厓之北草之萌有額于瞭而不徵諸物者皆本于此

驚蟄三元星君

天蓬右弼貪狼一　天柱祿存破軍七　天輔武曲文曲四

看得本節卦氣歷至于艮之六五上六二爻以丙申丙午納甲雖
然春雨暘暘未免水火交搏之情然開物成物之義至此大暢其
機雖然氣卦而斯而天地之正氣寔行于坎之上六用戊子納甲
為霹靂之火則驚蟄之說蓋根于此但坎卦始于冬至終于驚蟄
皆水氣也故運行風未此氣先乎運而氣運相生之大理也是以
本元自某甲某已符頭分得一七四局統子申辰之氣隸癸庚巽

之運此又本局中氣運也
斗府分得天蓬天柱天輔三星君主持造化分理陰陽則首尾之
木火相生而中間以金氣者正以木應雷而金尅之始得以發其
威聲且兼大壯司令而陽破乎明故耳所以驚蟄又歸于一七四
而上同于冬至者蓋以用坎之卦氣以啟春分之震氣也至于上
元孫某奇儀中元孫某奇儀下元孫某奇儀又當逐候而推是以
桃之花庚之鳴鷹之化雖值其候而間有不應其機者皆由于此
所貴乎執事者推廣而言之

春分三元星君

天衝 破軍 祿存 三　天英 貪狼 右弼 九　天心 文曲 武曲 六

看得本節卦氣得君火司天為舒氣之初而天地之正氣行于震之初九啟陰之氣至此而終少陰之氣于此而始凡造化之陽運有二六之別其陰中之陽六氣于坎開之于艮成之而陽中之陽六氣于震發之于巽齊之故春分之義于此而著且震初爻甲納庚子伏火上之氣蓋以前此之六陽陽行于地中温根和蒂而后此之六陽則陽升于天衣沃幹蘇條萬以魁罡坐臨二八之門為離者合而合者離之際玄鳥為太乙之鳥因二門開而應睽斯主雷聲寔震庚之氣電光為金光之精因八門闢而得氣以符本元自某甲某己符頭分得三九六局統卯未亥之運理丁甲乾之氣斗府分天衝天英天心三星君幹旋造化然初木中火而末轉于

平陽子竹氏纂

金星者蓋以成桃李之寔耳且梨李之白花寔得乙庚之化至于上中下之孫某奇儀此又其門氣之偏陷而應騐有不齊者所當深玩于消長之理也

清明三元星君

天輔（武曲 文曲）四　天蓬（右弼 貪狼）一　天柱（祿存 破軍）七

看得本節卦氣係君火二氣司天為舒氣之始天地之正氣行于震之六二以庚寅納甲內遁火木通明之義以星萬象昭著之情且青帝之令于此而清其栽培傾覆之機君火之氣于此而發其煥乎文章之盛請明之義于此而著且桐者陰木也且乙庚之質得震二之險以化是以主騐于巽田臘者陽精也抱土木之質得

火木之氣以變是乃主睽乎坎虹霓者金火之精火木之氣故應三睽而見是以司元于兌蓋以震之六二上應于六五下復于初九為陰陽相感之氣而本節自某甲某己符頭分得四一七局統辰子甲之運攝巽癸庚之氣蓋歸庫之水斗府分得天輔天蓬天柱三星君主理氣運然初木中水末金者蓋逆以求生順以受胎之義也至于上中下之孫某奇儀此又孤虛之間氣而致睽不齊之機非深明天道者不可語此

穀雨三元星君

天禽 廉貞 五　天芮 左輔 巨門 二　天任 巨門 左輔 八

看得本節卦氣係君火三氣司天為舒氣之中天地之氣行于震

之六三以庚辰納甲內遁白臘柔金而蓄滋潤之澤故榖雨命名且榖者善也雨者澤也卦氣震為陽龍六三陰分坤體榖得坤土之正雨屬坤龍之施因少陰之令而榖雨分五二八之元統未丑坤艮之運上屬于

斗府禽芮任三星君上宰皆以辰土司建故耳主于萍本柔木為陽陰各半之體是以統睽于天禽鳩奔拙物因震三而拂羽代勝陽虫應三氣而降桑然本元自某甲某己直符分局而上中下元孫某奇儀此三睽之徵又或有不齊者矣所貴于逐類而推之者

立夏三元星君

天輔 武曲 文曲 四　天蓬 右弼 貪狼 一　天柱 祿存 破軍 七

看得本節卦氣行于巽之初六九二以辛納甲蓋辛合者丙也巽宮有臨官之丙火上應君火舒氣之末運故于此而立夏天地之氣行于震九四用庚午納甲運若卦氣則震巽而納甲皆庚辛正以見谷草之秉令于金者至此俱旨是蘊精將以啟小滿之吉成至于巳宮屬水因丙辛之化氣金生在巳以乙庚之合神未局分得四一七宮統巳丑酉之運攝巽癸庚之氣上屬于斗府輔蓬柱星君幹旋逆以求木之胎于金順以發火之旺于木葢初睺螻國鳴者以巽之初陰應震之四陽故二睺蚯蚓出者以巽之二陽升于初陰之上而震以九四應之故晚險而出也三睺王瓜生者得震納甲之上會君火之氣遘金水之機故得睺而生

也若本元自某甲某已符分局而上元孫某奇中元孫某儀下元孫某奇必須詳究孫虛之理潛通消長之機始可以採其妙也

小滿三元星君

天禽 廉貞五 天芮 左輔巨門二 天任 巨門左輔八

看得本節卦氣行于巽之九三六四以辛酉辛未納甲而天地之氣行于震之六五以庚申納甲皆木上之爻初值少陽相火之會乃金木水火土襍寡之宮而六陽之用于此滿而谷種于秋者結寔于斯得氣于厥陰者則死萎于少陽乃萬物告成之小局也故命名小滿若起元于五二八者以其奠小成之利而上應于斗府禽芮任星君分丑未之土挈艮坤之質体艮生坤成之大義

故菜之秀草之死麥之寔自當應候時而照本局上元某甲孫某奇儀中元某甲孫某奇儀下元某甲孫某奇儀則無惑乎物之不齊也

芒種三元星君

天心 文曲武曲 六　天衝 破軍祿存 三　天英 貪狼右弼 九

看得本節卦氣行于巽之九五上九以辛己卯納甲而天地之氣行于震之上六以庚戌納甲則陽氣發甲之機于此將盡而少陽相火之令已得其二蓋陽消陰萌之候也成谷草之得寔于陽者則當乘氣而播其種故芒種之說于此而著其螳者陰虫也原育于仲秋則生于仲夏故應于初明之金符而生鳴者陰鳥也得二

睺之本符而鳴反舌者得坎氣之陽烏也因三睺之火符而水復
結胎氣則無聲矣是以三元六三九上叨
斗府心衝英星君者主持氣睺若上中下元之某甲孫某奇儀則
三徵有先后之參差究竟本元統戌午寅之支運揖辛艮丙之幹
旋蓋以冬至小寒係寒水司天乃天心星之氣運大寒立春雨水
驚蟄風木司天乃天衝之氣運春分清明谷雨立夏君火司天小
滿芒種相火司天乃天英之氣運故此節之用六三九者寔以續
補前節水木火之氣運以周六陽之用且陽始于一而終于九故
起冬至而終芒種正以離火陰胎原生于坎水之旺氣而坎水陽
胎原生于離火之旺氣足見水火者天地陰陽之樞也不旺不可

以寄胎一九者造化進退之數也不備不可以換氣故芒種者陽九之數至此而終夏至者陰九之數自此而始且陽氣主順起于坎而終于離者蓋天一生水之義一者陽數也為萬物之體陰氣主逆起于離而終于坎者蓋地二生火之情二者陰數也為萬物之用一二既濟五行乃基獨芒種之分氣于六三九者寔以外應于火局而內備其陽機故獨此節之中有符節之先後而先哲諄諄于此着閏者蓋以陽之不可淪于陰陰之不可溷于陽以示氣無偏勝而運難統移必于此即較閏者夫豈無說以處此

夏至三元星君

天英 貪狼右弼 九

天衝 破軍祿存 三

天心 文曲武曲 六

看得本節卦氣係少陽相火之三氣司天為長氣之中而天地之氣行于離之初九以巳卯納甲蓋巳者陽上也自先天巳配于離而乙木長生在午者皆以陰著義也況月令以姤卦用事則一陰始生凡前后復臨泰大壯夬純乾六陽之月卦巳終而坎艮震巽之四陽令巳盡故夏者陰令于此始生是以麋本陽獸得陰之初睺而角解蜩本陰虫得陰之二睺而鳴半夏陰木得陰之三睺而生然本元統午寅戌之火運隸丁甲乾之幹旋故前節終于九者蓋以完陽九之數而水氣即始于九者蓋以畜歸一之基而開相火之令且著炎熱之威以結陰生之氣故自某甲某巳符頭上統于

斗府英衝心三星君上持造化至于上下下元之孫某奇儀此三睽之徵又或不孚者矣其間有不限于孫虛之義者所貴詳于得氣之先后也

小暑三元星君

天任巨門左輔八　天芮左輔巨門二　天禽廉貞五

看得本節卦氣係相火終氣司天乃長氣之末而天地之氣行于離之六二納甲己丑遥應于驚蟄坎之上六納甲戊子均為霹靂之火然前節陽氣也故雷有震驚之義而本節陰氣也故發霹靂之聲凡天者于此當思所以理陽變陰之道則庶無蕩陽陷陰之患矣止氣得二陰之卦而月令以遯用事誠哉陽在外而縮陰在

内而伸陽居上而退陰居下而進乃陰漸竭陽之際而陽剛虛浮為陰所激故其蒸孚之氣有燥熱薰煩之情是以命名為小暑然暑者著也陽氣薄襲而著于丙間蓋陰之萌動尚潛而淺陽之德化雖猶仁故小暑之說則該其義象之大勢而言之也究竟本元起于八者蓋体陰逆之義而續夏至之九且三候皆土符正將以育陰之濕土故耳是以初候溫風至者蓋以星符居艮統轄上門而風氣尚薄其薰蒸之化二候蟀居壁者則以星符居坤分隸死門而蟋蟀感時動歸穴之情三候鷹始摯者蓋由星符居中背上用死而鷹鳥振翮奮威振八荒之志上元孫某符奇儀中元孫某符奇亻下元孫某符奇儀

大暑三元星君

天柱祿存破軍七　天蓬右弼貪狼一　天輔武曲文曲

看得本節卦氣係太陰濕土司天為化氣之初而天地之氣行于離之九三以乙亥納甲則離火之體于此已備而陰氣之孕于此已成伏陰與陽剛相格而成其熖烈之徵則大暑之義于此而著是以上屬于

斗府柱蓬輔星分理三睽上元始于金鶩故草必腐乘以化氣則變為熒火得金精之氣也故其明如星無熖而光陰之徵也中元始于坎體乘乎未建因化氣之初故上得化而潤暑逼水而溽下元始于巽杜益以二陽居上一陰居下為龍雨之象也益以乘氣

之三陰而因乎化氣則萬物咸需于時雨之化故大雨時行至于三睺兼酉丑己之金運攝庚癸巽之幹旋益于此已釀金秋之胚胎矣故秋分之同此局者皆先天后天體用之一間耳然而本節上元某符孫某奇儀中元某符孫某奇儀下元某符孫某奇儀則三睺之徵又有因孫虛而鮮應者矣究竟此權也必先察乎經而后可以權個中意味不可與局外者言

立秋三元星君

天芮（左輔巨門）二　天禽（廉貞）五　天任（巨門左輔）八

看得本節卦氣起于坤之初六六二以乙未乙巳納甲先天遁五二之數后天遁金火之氣而天地之氣行于離之九四以巳酉納

甲查得立春以戊申納甲均分大驛土然一則立春一則立秋其
義何也蓋立春納戊申陽土因坎之水氣寄生于坤而病于艮故
寅為水馬則戊驛土以應之立秋納己酉陰土屬離之火氣寄生
于艮而病于坤故申為火馬則有驛土己以應之然立春生機也
以生門主事故起于八而順進于二者雖為著其生機亦以示生
之必歸于死立秋死機也以死門主事故起于二而逆退于八者
雖為著其死機亦以示死之必繼于生然而氣皆用土符者正以
發艮坤之大義別死生之關鍵彰順逆之玄工耳況乎月令以否
主卦則純陰之氣然下已成其勢不得不立故于此而立秋且敬
尊天陽者于此有愀然之意焉故初睽之涼風蓋以坤納而感于

太陰之氣其風也涼二睺白露降者蓋以濕土之氣上蒸于離氣九四之陽故其氣化成露因感于坤體初六之納金故其降也白三睺寒蟬鳴者正以陰氣初行于濕土而寒蟬乃濕土陰化之物故得夫陰化之氣而鳴然叩于

斗府芮禽任星主持氣運而周其三睺寔將以濕土之遍運于九宮也然上元之孫某符某奇儀中元孫某符某奇儀下元孫某符某奇儀則濕土之令有偏枯而應睺之物有不一輒者矣

處著三元星君

天蓬 右弼 貪狼 一	天輔 武曲 文曲 四	天柱 祿存 破軍 七

看得本節卦氣起于坤之六三六四而天地之氣行于離之六五

係濕土之三氣司天爲化氣之中則赤帝之權于此將替且坤之陰氣已彌三四而離之陰火已進五爻則天地之暑氣于此將位故命名處暑者盖以天地舒生長化之氣歷至于斯當萬物結成之際而非復前節著發之時則于此著其溽暑之機正以啟將來收藏之氣故起元于巳酉丑之金局統癸巽庚之斡旋而義德之流行自應于時物則祭鳥者義也氣肅者否也未發者化也是以乘

令于

斗府蓬輔柱星君正以見物之具質于水木者而終成于金也然

初候某符孫某奇儀二候某符孫某奇儀三候某符孫某奇儀而

時物之變自可以伸明矣

白露三元星君

天英貪狼右弼九　天衝破軍祿存三　天心文曲武曲六

看得本節卦氣係濕土之終氣司天為化氣之末而天地之氣行于離之上九分得坤之六五上六則離卦之氣于此已終而坤陰之體于此已倫氣運行于庚月卦值乎觀濕土之氣上凝而成露因感于庚金故稱乎白露然白露者金英也故溥博于秋至于鴻雁得金庚之質故應睽而來玄鳥乃乙木之鳥逢庚化而思歸秋令主義羣鳥養羞而不合然分元九三六上同于夏至之九三六者乃帝旺之大局也而白露之九三六者乃死廢之大局也維其火死金金始得以旺也其統

斗府英衡心星主持氣運分局午庚戌脩氣丙艮辛均以著火之盛衰而示濕土之所由造物睽之由分也上中下之孫某奇儀則承氣者既有孫盧之偏而應睽者自有遲早之別也

秋分三元星君

天柱（祿存 破軍）七　天蓬（右弼 貪狼）一　天輔（武曲 文曲）四

看得本節卦氣陽明燥金司天為收氣之初而天地之氣行于兑之初九太陰之氣至此而終陽明之氣于此而始造化之陰運有二六之別其陽中之陰六氣于離生之于坤結之而陰中之陰六氣于兑發之于乾戌之故秋分之義于此而著蓋以前此之陰六乃陰褋于火土之間所以育收氣之化而后此之六陰乃陰行于

金水之令所以成收氣之功蓋以斗柄酉橫而左魁酉躔生死之門各別開合之機已殊凡木旺而金胎故雷震于春分之際令金旺而木胎則收聲于木氣之初將以固胎氣也惟在胎而無聲耳蟄虫感于兌丁之氣睽葺之機故壞户而納金凡水敗于酉故于此而涸然本氣分局上同于大暑者蓋大暑乃冠帶之金養氣于濕土而秋分則帝旺之金著令于陽明均以酉丑巳統運庚癸巽攝氣而體用之功化亦自不同是以上統

斗府柱蓬輔星遞主三睽者蓋取旺金生相水相水生胎木雖金居至旺之秋而木已成遞生之氣足見造化之理原不因勝氣而絕物也然而本節上元孫某奇儀中元下元孫某奇儀則爍金之

初氣而不能周匝于九宮九宮之尅應又或有門符之字應者若必拘物以求瞭誤矣

寒露三元星君

天心 文曲 武曲 六　天英 貪狼 右弼 九　天衝 破軍 祿存 三

本節卦氣陽明燥金司天值收氣之始主令于辛分卦于剝而天地之氣行于兌之九二蓋兌者澤也氣行而成露因感于純陰故名寒露其分元于六九三統戌午寅之運攝辛丙艮之權正以火庫于戌而本節之氣分符火元蓋將以周庫之收氣而敦厚其化原也是以上統于——

斗府心英衝星幹旋物瞭又有由墓傳生之義以見五行生生不

息之機至于賓鴻為義烏寒露而排人黃雀為丁禽兌葺而羽化菊英本金質戌建而黃然初睺孫奇儀二睺孫奇儀三睺則燥金收氣之運或有不洽于九宮而符使魁應之徵或有不應于先後者矣然本節之局進同于立冬局雖同而義名别此乃戌午寅之火局而彼則亥未卯之水局也當詳辨之

霜降三元星君

天禽廉貞五　天任巨門左輔八　天芮左輔巨門二

本節卦氣陽明燥金司天值收氣之中而天地之氣行于兌之六三則兌金之體于此已備而肅殺之令于此已行凡燥金之氣陰結成霜霜者喪也萬籟于此有喪然惆悵之義皆由陰氣上蒸而

陽不能化故凝其嚴肅之質而霜降矣然分局于上符上以魁罡伏于本位而土旺用事于秋深故上統于斗府禽芮任三星君攝理三睺豺本報而祭獸蓋為金義之徵草木黃而葉落蓋為陰剥之義蟄虫伏而咸俯蓋避肅霜之嚴然初睺某符孤某奇儀二睺三睺符孤奇儀既有虛實之殊而氣睺不無添漏之局況本局土符也六戊旬司權有心于六戊者其辨明于斯

立冬三元星君

天心　文曲武曲　六

天英　貪狼右弼　九

天衝　破軍祿存　三

本節卦氣燥金司天為收氣之末天地之氣行于兌之九四以丁

亥納甲起于乾之初九九二以甲子甲寅納甲遁金水之氣月卦值坤氣卦值乾皆陰陽之極氣四時之序得此而終故冬者終也因氣尚行于兌四而運如蒞于乾維故于蒞而立冬將以著金水之變遷時物之改葺也至于水者金之子也感于金寒而水是以孝子有怵惕之憂地者陰之體也感于陰盛而凍是以君子有固窮之志雉者離之屬也來于兌葺而化是以萬物有變態之機其分元于九六三統亥未卯之局攝乾丁甲之運蓋以木主在亥故耳凡占木草之徵兆者當于此以察其盈虛是以上叨于斗府心英衝星主持三睺其培復之機區以别矣而初睺二睺三睺孫某奇儀則孫虛既别而尅應自有不同者矣

小雪三元星君

天禽廉貞五　天任巨門左輔八　天芮左輔巨門二

本節卦氣乾之九三九四值太陽寒水司天為藏氣之初而天地之氣行于兌之九五誠哉金寒水冷則積陰而成雪況六陰之氣于此亦極集其小成故小雪之名有自來矣且虹者陰之氣也感于精而得陰成形令陰氣變化而成質陽精固結而不應則虹體已不能成無感乎藏而不見也天氣主陽地氣主陰陰蒸于陽則陰氣上升陽求于陰則陽氣下降此少陰少陽之暌也然此暌陰氣凛烈之際陽精剥削之餘陽不能應陰惟存其真陽而上升且其受蝕于陰之氣盡升洩于外陰不能化陽則抱其真陰而下降

且其吞服乎陽之精氣盡退藏于內而雨間之氣閉矣其星上統于斗府禽任芮三星備陰陽之半故理初睽而藏虹任星督艮止之權故分升而分降芮星攝死門之令于未睽而閉塞陰陽也上元中元下元孤某奇儀則知此氣之有盈虛而變理之有妙訣也

大雪三元星君

天輔（武曲 文曲）四　天柱（破軍 祿存）七　天蓬（右弼 貪弼）一

本節卦氣歷于乾之九五壬申金上九壬戌水天地之氣行于兌之上六丁未水值寒水司天屬藏氣之始則雨間皆金水之氣而積陰至大成之機故大雪之名于此而著且歌鶡者得陰氣而鳴

者也本候六陰已極蓋數窮而不鳴虎者陰獸也受精于陰而賦體于陽故必于陰之極而交也荔枝者味雖煖而性寔寒故感于寒水之二氣而出也上統于

斗府輔柱蓬星主持四七一候兼辰申子之水運隸巽庚癸之幹旋蓋以陰氣之三十六候終歸于天一之水而水者混沌之象也惟陰氣至混沌之際則陰氣消矣而消者息之機陽可以復生故冬至之起于一者乃先天之陽水也而大雪之終于一者乃後天之陰水也均以子水為橐籥之關鍵則先哲云冬至子之半艮有以也而閏奇補氣之妙又豈能外此節而他尋哉至于某元孫某奇儀則氣候既有不周而尅應自須各别矣

冬至三元星君

天蓬 右弼 貪狼 一　天柱 祿存 破軍 七　天輔 武曲 文曲 四

本節卦氣係太陽寒水司天屬臧氣之中而天地之氣進行于坎之初六以戊寅納甲蓋戊者陽土也可以制陰水寅者陽木也所以脫陰水自先天戊配于坎而化合陰癸以成火則火之胎在子者其理明矣且火乃陰之精因前節水盛而泯令得戊合水而化火兼以承前卦丁壬之化而得以紹陰之一脉于陽之初也故坎之初爻為一陽始遁于下而月令以復卦主事則一陽始生則前此之始遁否觀剝純坤六陰之月卦已終而離坤兌乾之四陰令已盡故冬者終也動也乃陰之終而陽之動也至者極也到也乃

陰之極而陽之到也則冬至之命名其義如此是以蚯蚓結者蓋黃泉槁壤得一陽之和而結以養性麋鹿陰獸也感一陽之氣而角解泉水者陰水也得一陽之升而動上統于斗府蓬柱輔星運子申辰之水局攝癸庚巽之幹旋經理坎氣體天開于子之一義故前節之終于一者蓋以畢陰九之數而本氣復始于一者蓋以昌陽九之宗而釀風水之本至于上元中元下元某奇儀孤則一陽之初氣又或有不遍于某宮此造塋山向生人年命而局中六親一有陷于孤虛不無背時失令之議而欲求三睺之不惑難矣

小寒三元星君

天芮左輔巨門二　天任巨門左輔八　天禽廉貞五

本節卦氣係寒水司天屬藏氣之終而天地之氣行于坎之九二蓋以九二之陽伏于二陰之間處寒水之際則其象寒矣然猶上應于九五則為陽中得位故小寒于此而立名至于雁傳秋令其性屬金金庫在丑故于金旺之時則飛而南值金庫之睺則轉而北鵲乃靈禽也其性屬陽感于陽復而營巢雉本離屬也感子胎養之睺而雊其星上統于

斗府芮任禽星主持氣睺用二八五之局理坤艮中之土蓋以襄水土之機而尊地闢于丑之義上元中元下元孫某奇儀則水運藏氣或有不洽于九宮而奇儀門符自然不同矣

大寒三元星君

天衝 破軍祿存 三　天英 貪狼右弼 九　天心 文曲武曲 六

本節卦氣厥陰風木司天為舒氣之初天地之氣行于坎之六三遥應于坎之上六皆陰發于外而陽伏于内之氣也兼以厥陰司天則陰寒之氣于此太甚故大寒之名所自来也至于雞屬巽而巽為風為木得乎風木司天之運感于坎水六三之氣故乳出于冠而雛可育征鳥得舒氣而翮健會風本而翱翔是以應睽厲疾矣澤水者陰精之化氣也因陽已伏生于内而陰陪蒸結于外應其睽而復堅蓋陰之發于表者上統于

斗府衝英心星攝夘未亥之運理甲丁乾之氣正以幹旋風木之

氣于九宮其同于春分三局者彼乃帝旺之木此乃冠帶之木體
用之機亦自有别某元孫某奇儀則其氣自不同矣

陽遁局歌

一局甲子直符歌符使逢冬樂事多坎宮先天原納戊甲只論戊
運如何

白兎當陽一到離煉丹制藥事顯奇又兼勾陳來臨會暗助聲勢
可圖維

風入丹山艮丙奇光爍兎户任謀為騰蛇會丙犀小附孤虛因廢
細推詳

金精顯化兌丁奇火死金旺吉凶殊九地遁丁堪幽會旬逢甲子

失便宜
已儀到坤有微疵無限丰姿一旦摧況又朱雀頻喧噪田宅交差
事可宜
庚儀到震虎傷龍那堪太陰助其鋒木旺猶疑風雲會金强門有
時逆踪
壬寄中宮何所宜乘綱坐克力難施縱有丹書堪破賊爭奈肘腋
伏凌欺
癸到乾方曖昧情天門羅網事無成任君縱有高拔志怎效鵬飛
萬里程
二局甲子值符歌符墓交合事差訛入穀胎財沖和制只有運氣

却如何

玉兔飲泉坎宮乙艮朋揮塵孤舟立笑看二妃如嗔痴慎勿輕身

入虎穴

丙入離宮帝旺鄉聲勢恢張且慢揚華堂另有垂青處天假得運

穩隆昌

玉女雖嫵鬼戶遊無端勾引旁人愁必須得侯方為美玉人簫隔

楚江秋

己到震宮有嫵疑犬吠黃昏半捲扉朱雀不傳雲外信玄武何須

閑是非

庚儀到巽虎生風九地伏險不堪逢符元得氣宮聲起鬼儀台運

本興隆

辛儀避五自藏羞虎伏中堂事可憂几番欲誠屠龍技却被牽合
苦淹留

壬儀到乾事勸怡眉鎖開時天祿臨金釵十二為屏障怎及高樓
結彩人

癸儀到兌病訟由只為螣蛇隆水流氣旺自然消口舌金火連局
婦人愁

三局甲子值符歌干旺支刑儀受磨願教青帝長為主運氣相扶
樂事多

玉兔暗目乙入坤騷人墨客半消魂云台柳色青青否無限幽思

寄嶺雲

月印湘江坎丙奇明柔相濟可施為上乘九地為重詐暗度陳倉
事可宜

日中見斗丁到離陰火暴戾似非宜色厲內任當權位事業于中
有改移

已儀到巽財寄比双蛇夾墓憂與喜蟄后宅眷恐生災冬深胎氣
宜女喜

原本此處脫庚儀一段

辛在乾宮可相依莫倩旁人說是非玄武入水逃已遠朱雀投江
音信稀

壬儀到兌假司馬計鎮西陲風譽雅只因均白佐儀威邊庭猶堪傳王舉

癸儀入艮得化氣本符祿馬財源寄安居自然獲貞祥須慎同類起悖戾

四局直符起于巽六陽數足時事順厥陰當令際風雲婉轉圖謀堪漸進

白兔遊宮乙震逢披雲見日事光明造作謁貴出行利怕聽西山晚寺鐘

月轉崑崙丙奇坤金星相伴得光明若門求財得陰助就裏包藏深育情

平陽子方氏製

丁入坎兮事不揚雙雙朱雀並投江不惟文信遭遺失尤且小口
作驚惶
己儀入五守財宮內助多能喜氣生況兼太陰來照會只嬿性度
少含容
庚儀到乾入病鄉狐假虎威自作狂圖南須防有隔碍笨驥東方
得志揚
辛儀居兌廟旺鄉氣運臨之祿位揚六合來乘張威福西南得遇
李周張
壬儀到艮八九地暗鬼張羅事有忌龍入虎穴聞風雲惟防危險
始無慮

癸到離宮人會騰陰人口舌是非生雖然虛詫無驚險好向東南
問主盟
甲子值符入于五氣數興衰宜細睹泥塗轉折勢難施凡有圖謀
涉兩可
玉兔乘風巽宮乙才貌驚人圖謀吉恨煞局氣不相扶手撥琵琶
向西域
月入雷門震丙奇修營造作總為宜幸逢九天開昌運此事顯達
遂心機
坤丁玉女地戶遊九地明珠暗裏投事宜秘密堪成就管教紅葉
御溝流

己儀分符在乾宮未得風雲怎化龍入庫騰蛇必墜水陰小虛驚
怪夢逢
庚儀分符守巽方如虎生翼振威光兼乘太陰藏腹劍割地賂秦
豈無殃
辛儀居艮入虎窩二虎爭雄起障魔縱然六合來臨此又象龍逃
沒奈何
壬儀分符寄居離招財生意可圖維勾陳白虎來臨會程途之信
有差疑
癸儀分符寄坎宮水運生扶財祿隆只為朱雀來襍處口舌遺已
局裏逢

甲子直符起于六金水氣運天賜福財祿事業總堪啚只怕陰小
為鬼賊
玉兔伏窟乙入五凡事迍邅難成武投南須防起禍殃来北有人
堪依輔
火行風起丙入巽名若春雷事業振勾陳白虎天来臨氣運相扶
財位進
蒼龍現珠震宮丁前有圖謀盡遂情況又六合来生助管教談笑
取功名
己儀分符到兑宮酉戊相刑事不寧況又九天為遥涉遇合應知
破后成

庚儀分符在艮中無奈祿馬鬧匆匆太陰文書疑暗動縱有際遇
隔樊籠
辛儀分符飛到離虎居大地怎施為朱雀臨午徒喧噪火符自刑
事必虛
壬儀分符到坎宮儀神得地自興隆螣蛇丁神合壬化見遇迍邅
后稱情
癸儀甲寅寄居坤一冲一墓事沉吟九地加來多陰阻羅網徒張
暗算人
甲子直符起在七燥金濕土皆得吉水火木運總因休作事于中
有興廢

玉兎入林乙到乾日麗天門可進賢只因龍来螣蛇照小口夢怪
憂更煎
月節中天丙到午光輝四訖人皆覩太陰寒水来司天公事反遭
陰事苦
玉女留神丁到巽經國文章誇八駿朱雀飛来報好音才名雙美
皆堪問
己儀分符在艮宮濕土司令生意濃況又六合為媒証管教喜事
樂多多
庚儀分符在離九似為失勢不可守雖乘九地為伏陰終須敗露
亦逃走

辛儀分符寄在坎金水相生事婉轉太陰生子又助儀就裏衝突
胎財管
壬儀分符輪寄坤主合于中別有因上乘九天為符印丁火當令
喜相尋
癸儀分符到震三幾番際遇在函關勾陳白虎為刑開縱有生機
不得閒
甲子直符入艮宮統領生門事業弘惟嫵孤虛與囚廢縱有作為
也難從
龍入金鄉乙到兌縱有威勢被人欺更無朱玄交格閉傷麟折角
天使宜

光明不全丙到乾凡事休囚數已然上乘九地真幽暗金水火悖
起憂煎
丁奇入戊自韜光雖有機謀也不張惟有趨三可避難莫往東南
惹禍殃
己到離宮入胎元羣力扛鼎聲譽傳上乘六合相助美金木成用
有威權
庚儀入坎金水寒甲子相會成水象雖有九天來應照反作退后
一深潭
辛儀到坤土裏金惟在蕭墻包禍心勾白交橫徒濟惡不如計已
洩他人

壬到震宮得化財其如甲辰受卯災螣蛇附木生陰火空恣讒謗
瀆上台
癸到巽宮儀乘絕太陰相資尚和悅其如符神作刑威反有妖蹻
驚惶駭
九局直符到離宮陽遁之符至此終凡事于此轉胎㝡氣運參考
辨窮通
兌步青雲艮乙奇朱雀乘之名利齊只宜守已群宵退欲望提携
事轉岐
鳳凰搧翅丙到兌月偃西山多暗迷上乘太陰多陰象惟宜幽會
得便宜

女遊天門丁到乾光輝四遠事昂然兼乘六合堪乞巧氣運衰微
有災愆
坎宮己儀符甲戌本符合神為鬼域勾陳白虎伏其宮生害子中
有別術
庚儀到坤入祿宮威福無事不從容只嫌螣蛇來鑽刺未免宵小
不相容
辛儀到震符甲午龍虎相衡氣運覲九地虎穴果難探若得氣運
振威武
壬儀到巽符甲辰直符自刑不堪覲得令九天風雲會笑殺子中
作梗人

癸儀到五倩誰扶好教立志向南畱休得出坤逢格閙致令螣蛇作謗誣

陰一局

直符戊休　彼此相投　更得氣旺　進退優游
螣蛇壬開　憂喜兩胎　先見驚怪　后始合諧
太陰辛驚　大有威名　先聲奪氣　凡事有成
六合乙死　俱投墓鬼　只可潛修　不能顯著
勾白己景　文書緊急　財利艱難　家宅安穩
朱玄丁杜　信息在路　一閑一閙　后過先隔
九地丙傷　内裏停當　初[illegible]斂迹　終必顯揚

九天庚生　絕處逢冲　雖然騎馬　虎鬧有驚
癸儀入中　埋伏暗兵　正北得利　東北休行

二局

直符戊死　濕土方宜　德宇寬洪　土谷得利
螣蛇庚景　前後有驚　空自張威　不能調禹
太陰丙杜　凡事有助　陰人當權　營求后遂
六合乙傷　俱得旺鄉　啚謀得利　家宅榮昌
勾白辛生　虎入本宮　威勢不作　也令人驚
朱玄己休　事難離搽　雖無大吉　亦無凶猶
九地癸開　暗地謀害　若能防險　自然無災

九天壬驚　空設虛情　就裏作合　哭有風聲

中宮丁奇　淑女垂惟　雖然貞靜　却怨似僞

三局

直符戊傷　刑尅伏藏　縱然顯耀　到后乖張

螣蛇壬生　宅墓悽驚　憂疑得濟　可以經營

太陰庚休　情性相投　雖然沉滯　還得優遊

六合丁開　士女相諧　亦皆受制　免費心懷

勾白癸驚　門戶憂聲　凡事詭詐　媍女癆症

朱玄己死　刑鬧無禮　孽聒媍人　老而不已

九地辛景　自持剛勇　伏險無謀　空作卧虎

九天乙杜	快登雲路	事業有成	可以進步
中宮丙奇	事多光霽	雖然制伏	到南得利

四局

直符戊杜	蟾宮折桂	空有隄防	惜非屬部
螣蛇己傷	作何成詳	夜夢淹滯	小口風戕
太陰癸生	事可稱情	多得暗助	財祿高增
六合辛休	逃龍歸洲	內有沖制	聚散情由
勾白丙開	暗昧延捱	事難顯達	攪亂心懷
朱玄丁驚	少女相爭	雖有口舌	真偽無跡
九地庚死	得祿知止	性剛態柔	擬作睢虎

下陽子[illegible]

九天壬驚　堪問胎穩　水火交情　氷炭茅盾

乙奇中五　風雲龍虎　西南得朋　惟忌北堵

五局

直符戊中　陰險困業　雖有名位　權攝不同

螣蛇癸景　雙蛇入穴　憂不成憂　喜不為福

太陰己杜　虎勢猖狂　更得旺氣　門戶有喪

六合庚傷　墓尅勞蠱　縱然無傷　良善憂苦

勾白丁生　水勢悠戶　若問財喜　險中去求

朱玄壬休　鷗鷺江濱　空得消息　人不驚人

九地乙開　事不光明　勉強做作　也是虛情

九天丙驚	大有威名	只恐不久	湮没無稱
辛儀寄死	孤鴻天外	曲高寡和	幽人自在
六局			
直符戊開	氣旺堪諧	如值囚廢	呼召不来
螣蛇乙驚	災訟憂情	龍蛇混襍	陰小謀生
太陰壬死	產病不止	陰謀無事	反得為喜
六合丁景	文信交情	金蘭氣味	凡事歡騰
勾白庚杜	虎守地戶	刑傷閒情	生合有助
朱玄辛傷	虎步龍翔	飛来財喜	口舌無傷
九地丙生	重詐之情	由微至著	事必光明

九天癸休	勢旺優遊	諸事顯達	乘旺無憂
己儀入中	因而得亨	只宜守己	不可紛爭
七局			
直符戊驚	聲價千金	氣運扶助	鵬飛萬程
螣蛇癸死	事宜中止	信息憂疑	如履虎尾
太陰丙景	事如舉鼎	紅拂當炉	日中無影
六合辛杜	風生地户	上下同心	内生疾妬
勾白壬傷	財祿分張	張網門户	事難顯揚
朱玄乙生	虎遁感生	名利皆隐	信息在程
九地丁休	似有隐憂	幸合詐遁	可以憂遊

九天己開　事可和諧　功名顯達　福自天來
庚儀入中　東西不通　三方有碍　惟宜八宮

八局

直符戊生　病鳥歸林　氣運囚廢　鬼魅侵人
螣蛇丙休　水火驚憂　若逢火旺　可以無愁
太陰庚開　拗執不諧　貌柔心險　水性難猜
六合己驚　有敗有成　合而不合　暗裏衝刑
勾白丁死　陰人病齒　老嫗碎聒　丁旺禍止
朱玄乙景　文信有准　鳳竹當陽　功名事穩
九天癸傷　低網四張　捕捉有用　鬼賊難防

九地壬杜　張羅在路　門坦歌斜　蒼老抱柱
中宮寄辛　虎難傷人　雖有外勢　到底不親

九局

直符戊景　氣運陰生　子午胎鬼　革故鼎新
螣蛇癸杜　刑害憂惑　先信后疑　泰生否極
太陰丁傷　大得木揚　文書暗動　生意偏長
六合己生　土木梁盛　胎財交易　皆為稱情
勾白乙休　風雨淹留　憂喜不定　何必唧啾
朱玄辛開　口舌生災　成中見破　防生禍胎
九地庚驚　險患陰生　如砒寄蜜　勢不可攖

九天丙死
陰霾象起
雖得亨通
還防破阻

壬儀步五
似難張武
欲求際遇
須復東土

平陽子[illegible]氏製

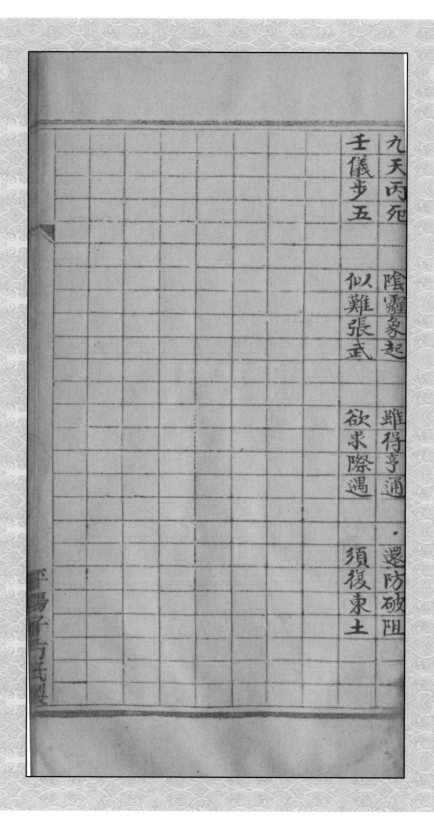